필립 번팅(Philip Bunting)

작가이자 일러스트레이터로 활발하게 활동하고 있어요. 오스트레일리아 퀸즐랜드에서 세 아이를 키우는 아버지이기도 합니다.

더 많은 부모와 양육자들이 아이들과 함께 좋은 책을 읽기를 바라는 마음으로 그림을 그리고 글을 쓰고 있어요.

『부엉이』(Mopoke), 『모래성』(Sandcastle), 『에롤』(Errol) 등 좋은 그림책들을 많이 펴냈습니다.

김아림

서울대학교 생물교육과를 졸업하고 같은 학교 대학원 과학사 및 과학철학 협동과정에서 석사 학위를 받았습니다.

대학원에서는 생물학의 역사와 철학, 진화 생물학을 공부했어요.

과학을 좀 더 넓은 관점에서 통합적으로 바라보는 일에 관심이 있어 출판사에서 과학 책을 만들었어요.

지금은 번역 에이전시 엔터스코리아에서 출판기획자와 전문번역가로 활동하고 있습니다.

『가장 완벽한 지구책』, 『와글와글 지구: 지구상 친구들의 살아 있는 지구 이야기』, 『멋진 물리학 이야기』 등 여러 책을 번역했어요.

| 보고 또 보는 과학 그림책 |

빅뱅이 뭐예요?

글·그림 필립 번팅 | 옮김 김아림

아름다운사람들

이 세상의 처음은 어디서, 어떻게 시작했을까요?
옛날 옛적에는 우리가 사는 우주 전체가
오렌지보다 작은 공간 속에 들어가 있었어요.
그 당시 세상에는 대단해 보이는 것들이 별로 없었어요.
빛도, 별도, 지구도 없었거든요.

그래도
난 꽤 무거워요.

그러던 어느 날이었어요….

아주, 아주, 아주, 커다란 소리가 났어요.

꽝!

이것이 바로
우주를 탄생시킨 대폭발,
빅뱅이에요.

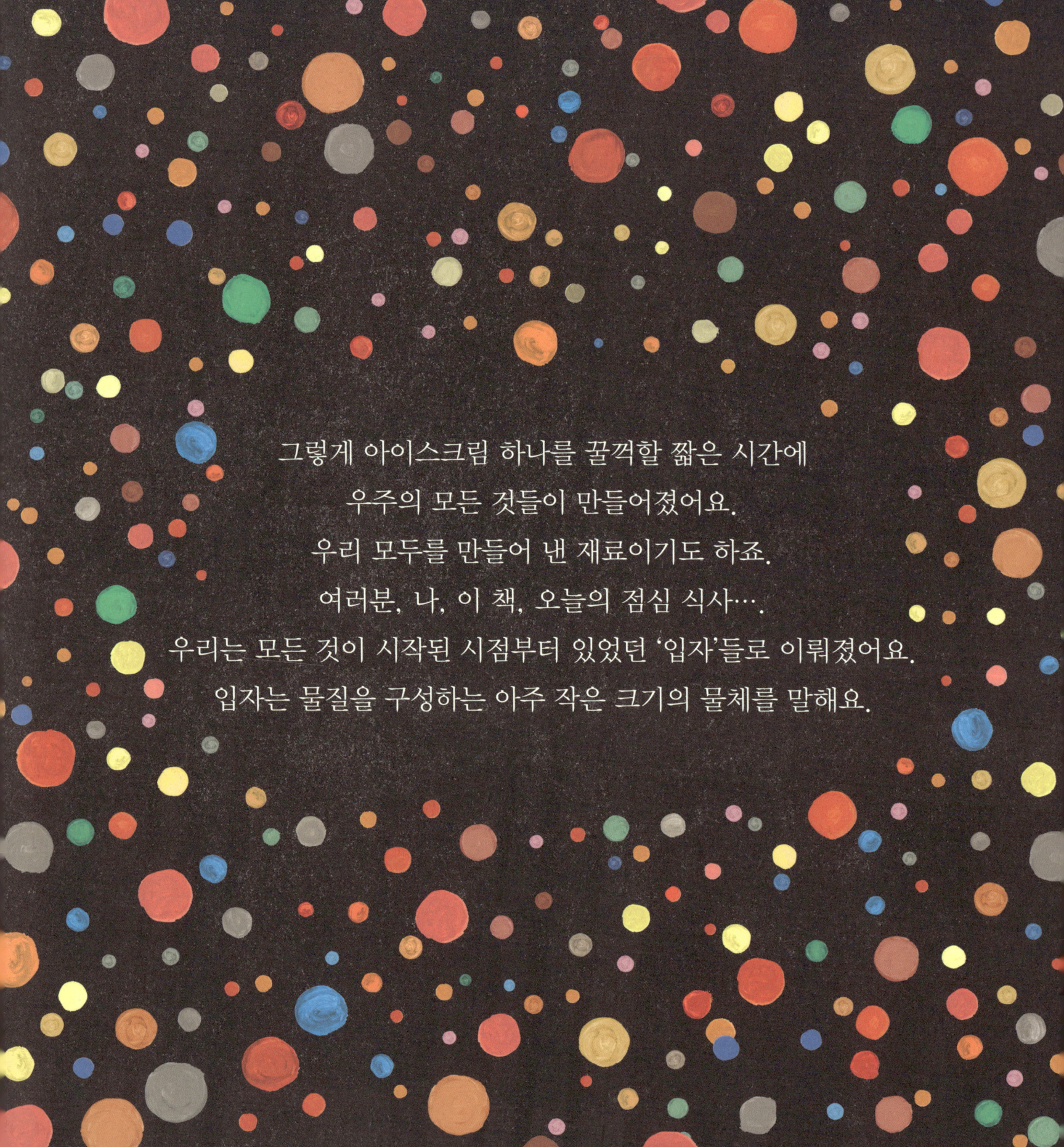

그렇게 아이스크림 하나를 꿀꺽할 짧은 시간에
우주의 모든 것들이 만들어졌어요.
우리 모두를 만들어 낸 재료이기도 하죠.
여러분, 나, 이 책, 오늘의 점심 식사….
우리는 모든 것이 시작된 시점부터 있었던 '입자'들로 이뤄졌어요.
입자는 물질을 구성하는 아주 작은 크기의 물체를 말해요.

이 입자들은 우주를 둥둥 떠다니면서
서로 부딪히기 시작했어요.
그 가운데 몇몇은 서로 무리 짓기를 좋아해서
함께 뭉치기로 했지요.

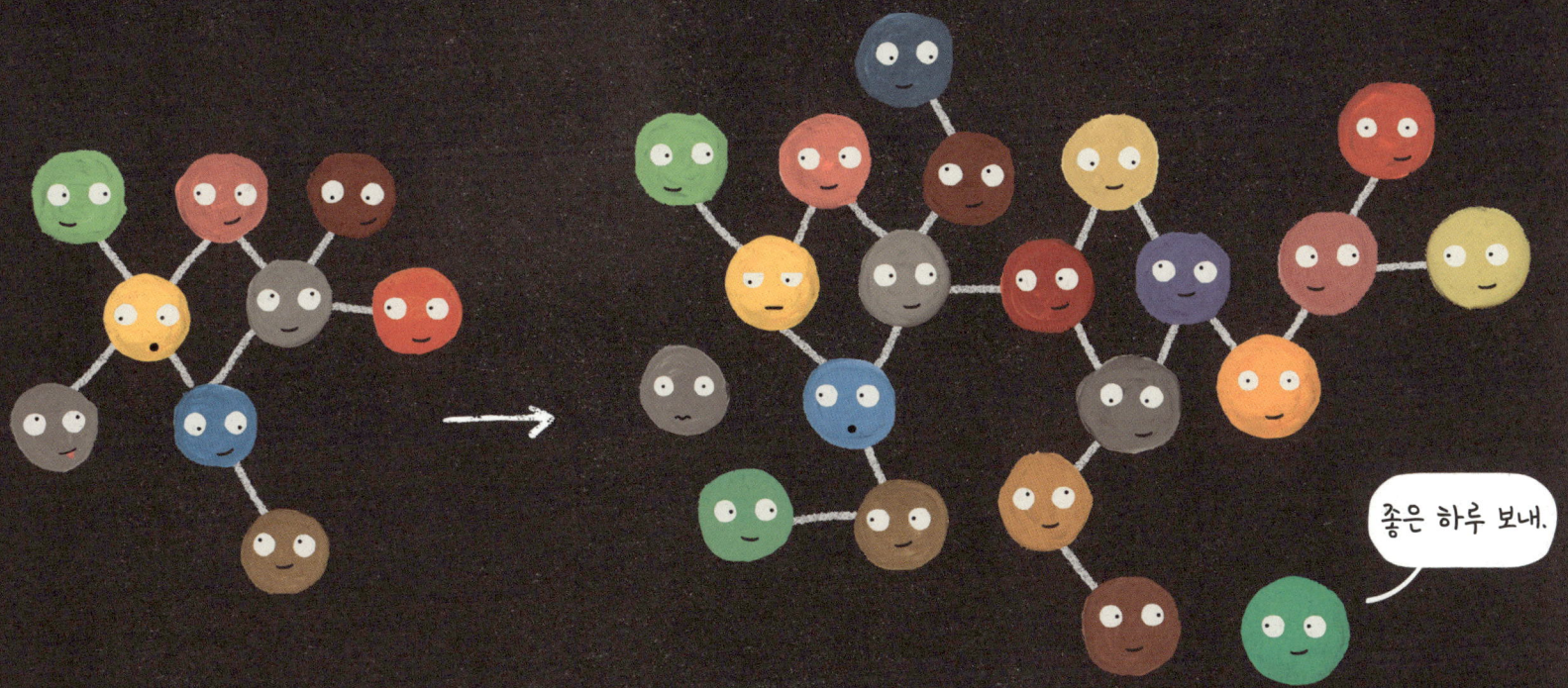

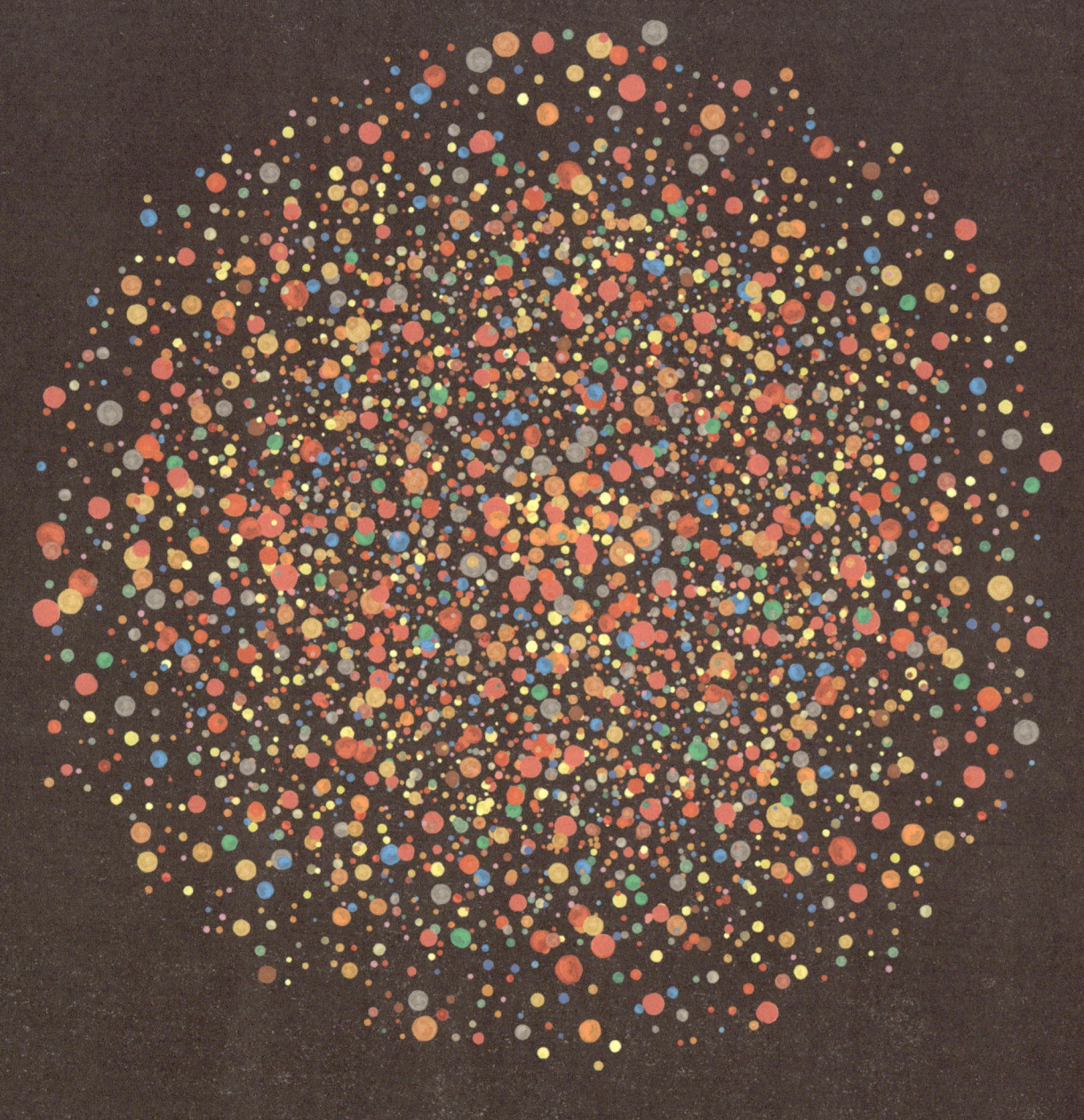

마침내 셀 수도 없이 많은 입자들이 한데 뭉쳐서
뭔가를 만들기 시작했어요.
처음에는 아주 커다란 먼지 구름이 되었죠.

이 먼지 구름은 점점 더 많은
입자들을 끌어들였어요.

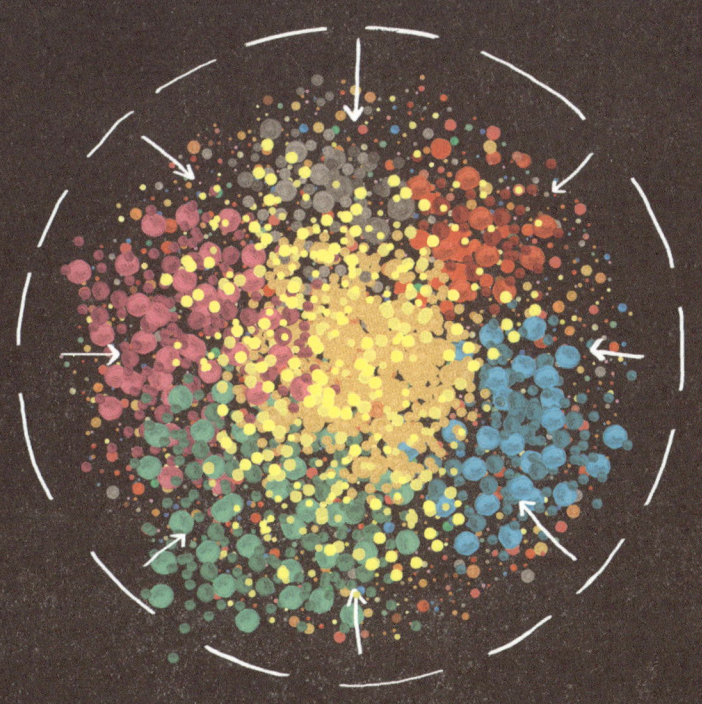

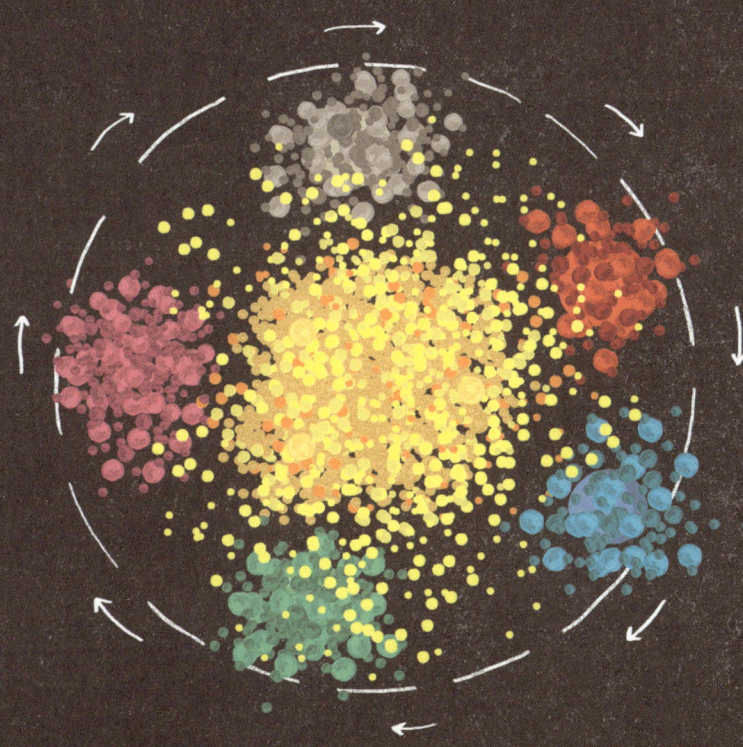

그렇게 헤아릴 수도 없는 오랜 시간이
지나면서 태양이 만들어졌어요.

그리고 마침내 행성이 탄생했어요.
태양에 끌려 들어가 주변을 도는 게
바로 행성이에요.

즐거운
우리 행성

우리 고향 행성의 이름은 지구예요.
지구는 우리 태양계의 중앙 쪽에 있죠.
그런데 지구가 언제나 지금처럼
아늑했던 건 아니에요.

처음에 지구는 꽤 뜨거웠어요.
하지만 시간이 지나면서 점점 온도가 내려갔죠.

지구의 온도가 식으면서 점점 더 많은 입자들이 한데 모였어요.
별똥별을 타고 먼 우주에서 온 입자들이 많아졌고
몇몇은 지구 표면에 내려와 쏟아졌어요.

그러던 어느 날
지구는 더 이상 너무 뜨겁지도, 너무 차갑지도 않게 되었어요.
물이 따뜻해져서 마법이 일어나기에
딱 좋은 온도가 되었죠.

이렇게 생명이 처음 모습을 드러냈어요.
첫 번째 생명의 모양은 꽤 단순했어요.
듣지도, 보지도 못하고 파티용 모자를 쓰지도 못했죠.
하지만 무척 특별한 능력이 하나 있었어요.
스스로 자기 자신을 계속 만들어 낼 수 있는 능력이었죠.

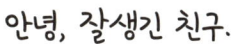

여기서 우리의 모든 이야기가 시작돼요.
지구상의 모든 생명은 이 작은 세포에서 왔어요. 이걸 단세포라고 해요.
여러분은 이 단세포보다 엄청, 엄청, 엄청나게 커요.
헤아릴 수 없을 만큼 크죠.
여러분과 나, 나무, 나방의 애벌레, 고래, 늑대….
이 모든 것은 전부 이 작은 단세포에서 시작됐어요.
이렇게 모든 생명은 하나로 연결되어 있답니다.

이 단세포는 말 그대로 단순한 존재였어요.
하지만 그보다 엄청나게 큰 여러분은 능숙하고 재빨라요.
여러 세대를 거치면서 단세포의 후손들은
지구에 천천히 적응을 했어요.
그 결과 오랜 옛날 지구에서는 수많은 생물들이
따뜻한 물속에서 살게 되었답니다.

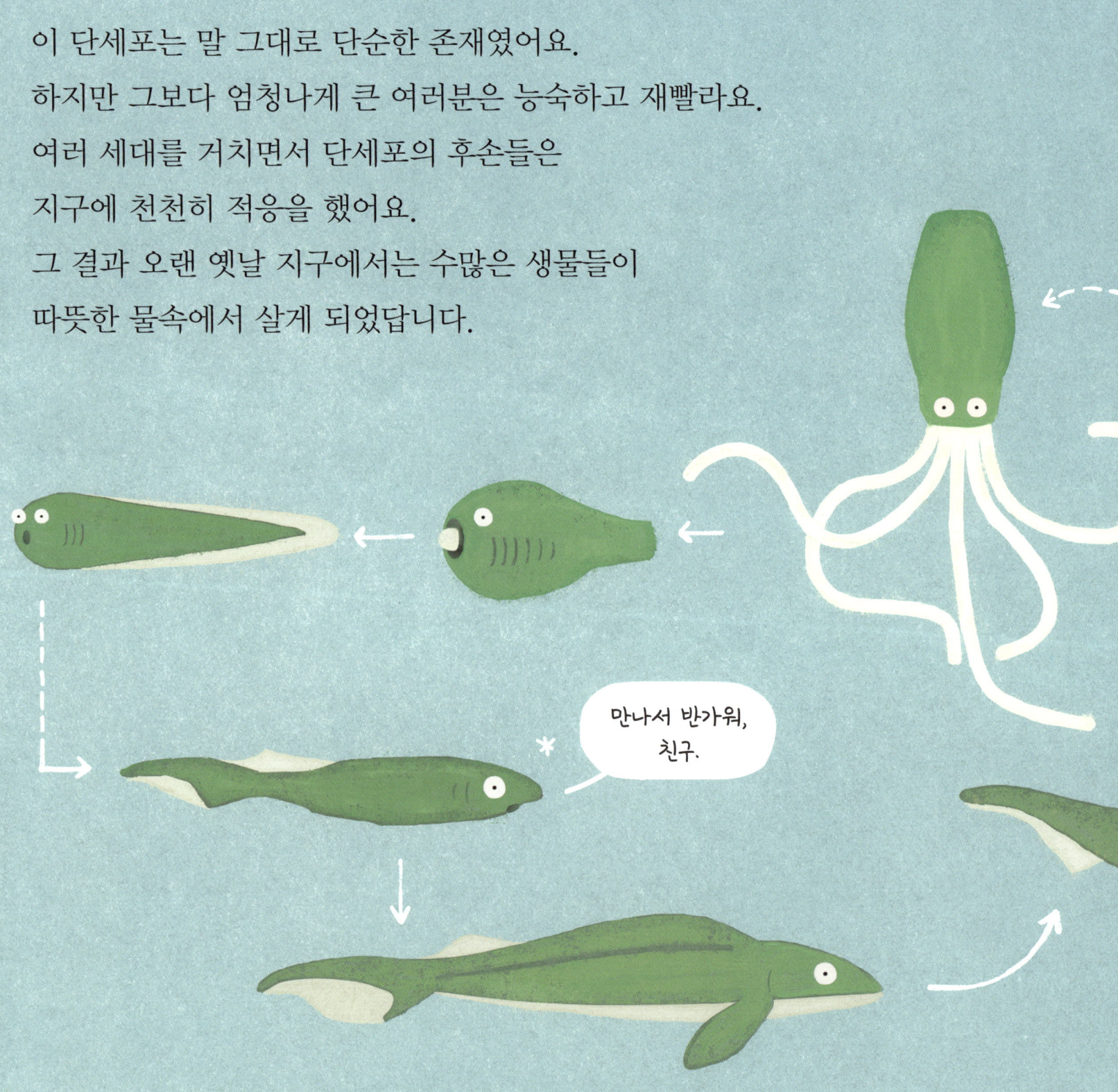

만나서 반가워, 친구.

작은 글자지만 엄청 중요한 내용
* 우리 조상은 이 단계에서 처음으로 눈이 생겼어요. 이전에 나온 그림에서 생명체들에 눈이 달려 있었던 건 그림을 재미있게 그리려고 덧붙인 거예요.
** 파티 모자 역시 재미있게 보이려고 그린 거예요. 어쩌면 오늘이 생일일지도 모르지만요.
*** 이 녀석의 이름은 밥이에요.

그러던 어느 화창한 날, 조그맣고 부지런한 물고기 하나가
바다 밖에 뭐가 있는지 보려고 땅으로 나왔어요.
육지를 좋아하는 이 물고기의 후손이 나중에 육지 동물이 되었어요.
공룡, 조랑말, 소, 그리고 여러분이 이 물고기의 후손이랍니다.
땅과 물에서 동시에 살았던 이 모험심 넘치는 물고기의 이야기를
따라가 보면 모든 살아 있는 것들이 지나온 시간이 어땠는지 알 수 있어요.

당연하지만, 우리 진화의 모험은
여기서 끝나지 않아요.
상상할 수도 없을 만큼 오랜 시간 동안
수많은 우리 조상들이 육지에 적응하며 살았죠.

* **진화** : 지구에 있는 생물들이 살아가면서 환경에 적응하고 발전해 가는 과정.

나무 위에서
살기도 했어요.

그리고 우리는 침팬지와 우리의 공통 조상으로부터
오늘날과 같은 모습으로 천천히 진화하기 시작했어요.
그게 바로 인류, 사람이에요.

최초의 인류는 아프리카에서 살았어요.
인류는 호기심과 모험심이 강했어요.
그래서 곧 지구 방방곡곡으로 떠났죠.

여러분이
지구 어디에서 살든
우리는 모두
바로 이곳에 살았던
무척 똑똑한 사람들의
후손이에요.

남극만 빼고요.
그곳은 펭귄들이 살도록 내버려 뒀죠.

고마워!

우리 인류는
농사짓는 방법을 배웠어요.

불을 피웠어!

그리고
공동체를 만들었죠.

마을과 도시도
만들었어요.

그러던 어느 날 밤,
이런 입자들 가운데 일부가 여러분이 돼요.
한때는 별의 일부였고, 지구의 일부였으며
어쩌면 다른 생명체의 일부였을지도 모르는
입자였는데 말이에요.

어머나, 세상에.

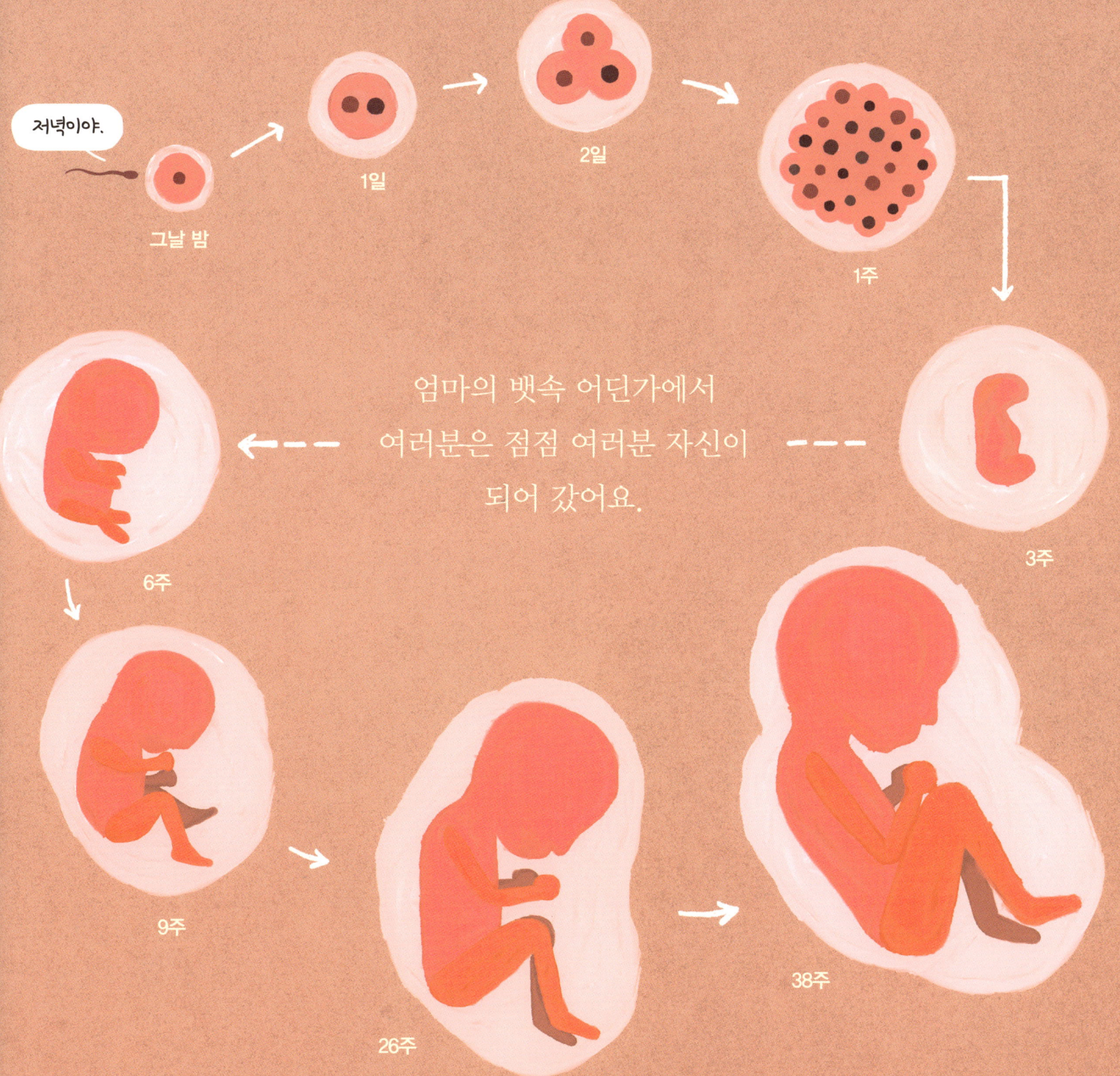

여러분은 세상에 당당하게 등장해요!

이게 바로 여러분이 지금 이곳에 있게 된 과정이에요.

여러분이 여기 있는 건 큰 행운이에요.
여러분은 생명의 가계도에
최근에 추가된 존재죠.
지구상에 나타난 최초의 생명으로
거슬러 올라가는 가계도 말이에요.
한번 생각해 봐요.
최초의 엄청 큰 폭발이 일어났을 때 만들어진
아주 작은 뭔가의 모습이 지금과 달랐다면
과연 어떻게 됐을까요?

어쩌면 여러분의 모습은 지금과 조금 다를지도 몰라요.

우주는 우리가 상상할 수 없을 만큼 놀라운 곳입니다.

우리는 우주에 대해 아는 게 많지 않아요.

우리가 어떻게 여기에 있고 어디로 가는지 알려면 여전히 많은 것을 알아내야 하죠.

한 가지 우리가 아는 게 있다면 인류의 집은 지금 여러분이 앉아 있는 한곳뿐이라는 거예요.

이 지구가 바로 보살펴야 할 집이죠.

여러분이 야생의 아름다운 생명들을 위해 할 수 있는 일이 한 가지 있어요.

바로 여러분이 여기 있는 동안 지구를 이전보다 더 좋은 곳으로 만드는 거랍니다.

이 목표를 모두 함께 이뤄 봐요!

| 보고 또 보는 과학 그림책 |

빅뱅이 뭐예요?

초판 1쇄 인쇄 2018년 10월 22일 초판 1쇄 발행 2018년 11월 5일

글·그림 필립 번팅 옮김 김아림

펴낸이 이상순 주간 서인찬 편집장 박윤주 제작이사 이상광
편집 한나비, 김한솔, 김현정 디자인 유영준, 이민정 마케팅홍보 이병구, 신희용, 오은애

펴낸곳 (주)도서출판 아름다운사람들 주소 (10881) 경기도 파주시 회동길 103
대표전화 031-955-1001 팩스 031-955-1083 이메일 books777@naver.com 홈페이지 www.books114.net

ISBN 978-89-6513-522-7 77400
ISBN 978-89-6513-523-4 77400(세트)

Original title: How Did I Get Here?

Text and illustrations copyright © Philip Bunting, 2018
Korean translation copyright © BeautifulPeople Publishing, 2018
First published by Omnibus Books an imprint of Scholastic Australia Pty Limited in 2018.
This Korean edition published under license from Scholastic Australia Pty Limited through The ChoiceMaker Korea Co.

이 책의 한국어판 저작권은 초이스메이커코리아를 통해 저작권사와의 독점 계약으로 (주)아름다운사람들에 있습니다.
저작권법에 의하여 한국 내에서 보호를 받는 저작물이므로 무단전재와 무단복제를 금합니다.

이 도서의 국립중앙도서관 출판예정도서목록(CIP)은 서지정보유통지원시스템 홈페이지(http://seoji.nl.go.kr)와
국가자료공동목록시스템(http://www.nl.go.kr/kolisnet)에서 이용하실 수 있습니다. (CIP제어번호 : CIP2018031078)

KC마크는 이 제품이 공통안전기준에 적합하였음을 의미합니다.
파본은 구입하신 서점에서 교환해 드립니다.